# M. VEUILLOT

ET

# GIBOYER

LETTRE

AU DIRECTEUR DU JOURNAL *LE PROGRÈS*

PAR

**UN LECTEUR DE *L'UNIVERS***

PARIS

DENTU, LIBRAIRE-ÉDITEUR

Palais-Royal, 13 et 17, galerie d'Orléans

1863

Chanoine, imprimeur à Lyon.

# M. VEUILLOT

ET

# GIBOYER

LETTRE

## AU DIRECTEUR DU JOURNAL *LE PROGRÈS*

---

Lettre de M. Veuillot au gérant du *Progrès*. — M. Veuillot est-il réellement créancier des correspondants du *Progrès* ? — La forme du *Fond de Giboyer*. — Le fond du *Fond de Giboyer*. — M. Veuillot et sa palme. — M. Veuillot n'a jamais attaqué un adversaire désarmé. — Preuves. — M. de Sacy. — Le *Bulletin français*. — Les journalistes supprimés. — M. Proudhon *fait bien plus qu'insulter Dieu, il insulte l'Empereur et l'empire.* — Dieu attend M. Victor Hugo. — La proscription *faquinisée.* — M. Quinet *sophiste* et *histrion;* il voudrait *couper la gorge à l'humanité tout entière.* — Le *Siècle* dénoncé. — Les *Débats* dénoncé. — Les écrits de M. Hugo *pires que l'attentat d'Orsini.* — M. Veuillot et l'amnistie. — Le mètre *libéral* et l'aune *catholique.* — Le nom de M. Veuillot synonyme de *liberté de la presse;* preuves à l'appui. — Le même nom synonyme de *liberté de conscience;* autres preuves à l'appui. — MM. Ozanam, Lacordaire, de Broglie. — La chasse à courre. — Conclusion.

Monsieur le Directeur,

Vous lisez rarement les ouvrages de M. Veuillot, et en cela, vous faites comme tout le monde. Je serai donc certainement le premier à vous apprendre que, dans le dernier pain béni de sa fabrique, Déodat a fourré à votre adresse une fève empoisonnée. Il a fallu une chance particulière pour me faire mettre la main sur le *Fond de Giboyer*, et un hasard non moins fortuné pour me faire découvrir l'objet dans la pâte. Fier de ma trouvaille, je me hâte de vous l'envoyer, persuadé qu'à l'inverse de votre adversaire, qui attaque le *Progrès*, mais ne le cite pas, vous ne marchanderez pas votre publicité à ce petit chef-d'œuvre, qu'une rare modestie a pu seule empêcher l'auteur de vous adresser directement :

*Monsieur le gérant du* Progrès,

Je vous remercie, monsieur, de l'assiduité avec laquelle vous m'envoyez tous les numéros de votre *Progrès*, où vos correspondants parisiens me disent des injures. Cela ne m'apprend pas grand'chose ; les *calomnies* (1) même ne sont point nouvelles. Néanmoins je ne laisse pas d'y prendre quelque petit intérêt, et je vous serai obligé si vous voulez bien continuer. Je vous avertis seulement que je reçois ordinairement deux ou trois exemplaires du même numéro ; c'est augmenter vos frais sans utilité.

M. Augier nous dit que le vertueux Giboyer va partir pour l'Amérique. Je ne le crois point. Giboyer ne se décidera pas à quitter sa patrie, où il est puissant et honoré. Si pourtant ce démocrate éprouvé venait à nous manquer, permettez-moi de vous informer que je sais à peu près l'adresse de trois ou quatre de ses pareils qui m'empruntent parfois cinq francs pour dîner. Ils sont tous très-capables de servir des journaux de votre couleur qui auraient besoin de se pourvoir, et je les leur adresserais bien volontiers. Je vous promets d'avance qu'ils ne ménageront aucun clérical, et moins qu'un autre celui qui a l'honneur d'être,

Monsieur,

Votre très-humble serviteur,

Louis Veuillot.

N'est-ce pas bien spirituel, monsieur le directeur, et comme on reconnaît vite la plume à laquelle l'illustre Jouvin décerne la

---

(1) Nous serions très-désireux que M. Veuillot voulût bien nous apprendre où et en quoi le *Progrès* l'a calomnié ? (*Note du directeur du* Progrès.)

palme de la verve et de l'acuité, l'écrivain à qui Villemessant dit « Mon fils » et Colombine : « Mon frère? » Mais une fois la part faite à un légitime enthousiasme, comprenez-vous très-bien ce que Déodat a voulu dire ?... C'est un petit défaut, sans doute : l'esprit qui se comprend est bien vulgaire. Tel n'est pas celui de notre auteur. En effet, ou cela ne signifie rien du tout, ou cela signifie, à mots couverts, que M. Veuillot aurait quelquefois prêté cinq francs à vos correspondants parisiens pour dîner. Eh bien ! franchement, sans connaître ceux-ci, j'ai quelque peine à me persuader que cela soit vrai (1) et je soupçonne notre saint homme de se vanter. Dans l'intérêt de la bonne cause, cela est permis : pas jusqu'à ce point, cependant.

Mais M. Veuillot ne vous a pas consacré qu'une lettre, monsieur le *Progrès;* vous avez votre bon chapitre tout entier, et, voyez cela, l'ancien journaliste, qui s'y connaît, a découvert que, sous le masque du libéralisme, vous pourriez bien « porter quelque « petit signe d'attache. Le *Progrès* le dissimule, ajoute-t-il, mais « j'ai de bons yeux pour ces sortes de choses. »

« Chemin faisant, j'ai vu le col du chien pelé. » (2)

Votre censeur doit savoir, en effet, discerner ces sortes de cas

---

(1) Nous pouvons, en effet, affirmer à l'auteur de ces lignes que M. Veuillot abuse indignement de sa candeur et que MM. Pellerin et Gaboriau, dont se plaint à tort l'ancien rédacteur de l'*Univers*, ne lui ont jamais emprunté un centime. Nous faisons des vœux sincères pour que ce qu'il dit de sa facilité en général à prêter des pièces de cinq francs soit plus exact que les applications qu'il paraît donner à entendre de cette générosité.

(*Note du directeur du* Progrès.)

(2) Nous pensons, à l'inverse de M. Veuillot, qu'il est toujours bon de citer aussi complétement que possible ses adversaires ; voilà pourquoi nous donnons ici la partie du chapitre qui concerne le journal ; le reste, n'étant absolument que des injures aux personnes de MM. Gaboriau et Pellerin, ne peut avoir aucun intérêt :

« La seconde lettre est adressée à un journal de province intitulé le *Progrès*.

sans lunettes. Il sait comment se porte le collier, pour employer ses expressions, et il ne s'en est pas si bien dépouillé qu'il ne lui en doive rester encore quelque torticolis. Nul n'était mieux dressé à mordre aux jambes les républicains fugitifs et ne savait mieux donner de la voix contre les exilés. Quel dommage que ce bon temps soit passé! Mais j'espère, monsieur le directeur, que vous pourrez rassurer cette farouche indépendance et calmer, à l'endroit de « votre attache », des appréhensions dans lesquelles vous ne pouvez voir, après tout, qu'un excès de zèle pour la liberté.

Maintenant, comme il faut être juste, même envers M. Veuillot, surtout envers M. Veuillot, il ne m'en coûte nullement de reconnaître qu'en portant le collier de bonne grâce, il n'a jamais demandé d'os à ronger pour son propre compte. Dieu me garde de dire, comme votre contradicteur à votre endroit, le contraire de ce que je sais être la vérité. Je n'ai pas assez de charité chrétienne pour calomnier personne. Donc, je proclame hautement

---

Ce journal a aussi un visage qui tente le pinceau. Il fait une opposition farouche aux tendances cléricales du gouvernement et aux pentes courtisanesques de l'ancien parti démocratique. Il est, lui, démocrate orthodoxe et infusible (sic). De temps en temps un penseur de sa rédaction, utilisant tour à tour l'histoire, la philosophie, la théologie, la critique et l'onocritique, démontre par A et B jusqu'à Z, que la démocratie vient du ciel tout droit, et qu'elle y mène, ou plutôt qu'elle constitue le ciel sur la terre, et que tout ce qui n'est pas démocrate est absolument méprisable. Mais n'est pas démocrate qui veut ! Ces intègres, surtout le penseur, ne trouvent point Giboyer assez pur. Ils n'abiment (sic) guère moins le poète social que moi-même. Ils le regardent comme un courtisan : après le clérical, c'est ce qu'ils connaissent de plus affreux.... Cependant, l'on peut s'assurer qu'ils observent une grande différence de criminalité entre l'odieuse folie du clérical et la complaisance du courtisan. Au fond, mon *Progrès* n'est pas sans porter lui-même quelque petit signe d'attache. Il le dissimule, mais j'ai de bons yeux pour ces sortes de choses.

« Chemin faisant, j'ai vu le col du chien pelé. »

« Il obtiendrait un jour le partage et même le monopole des annonces judiciaires, que je n'en serais point étonné. »

qu'il n'a jamais sollicité la moindre place de sous-préfet ou la plus petite croix d'honneur. Il n'a jamais remué la queue pour les uns, montré ses crocs aux autres que dans le pur intérêt de la religion. Je le sais, et je lui en donne acte. Qu'il me permette seulement de constater que dans ce cas, et malgré lui peut-être, sa morale s'est trouvée d'accord avec son intérêt bien entendu. Quand on a été sacré évêque en habit court, qu'on est le directeur grassement rétribué et dévotement honoré du moniteur officiel d'un parti, j'allais dire d'une religion, ce serait métier de dupe d'échanger son siége contre des fonctions relativement infimes, de quitter la mitre pour la cocarde et le chapeau galonné.

# I

Et maintenant, voulez-vous m'autoriser à parler un peu à loisir de ce gros livre? D'abord, quant à la forme, je constate à regret que M. Veuillot s'affaiblit beaucoup, que son sabre s'est ébréché et que son fiel s'est moisi. Encore un peu, il n'aura plus que « les restes d'une voix qui tombe et d'une ardeur qui s'éteint. » Cet éternel dialogue sur un infiniment petit de la littérature éphémère, sur une piètre pièce qu'il faut avoir apprise par cœur si l'on veut comprendre un mot au pamphlet (tout le monde n'est pas payé pour avoir la mémoire de Déodat), cet éternel dialogue est lourd, empâté, monotone. C'est à peu près au niveau de Cadet Veuillot ou de l'honnête Coquille. Un cran plus bas, nous tombons à Maumigny et à Taconnet. L'esprit y consiste généralement en calembours approximatifs : Ainsi Jean Diable qui devient Jean Rage, Jean Nuie, etc. On peut voir les originaux dans les *Pensées d'un*

*Emballeur* de M. Commerson. Le sel consiste à appeler les gens qu'on veut dauber par leur nom tout court : Féval, Gaboriau, Pellerin. Cela fait bien. Cela a une certaine crânerie, un faux air de *réalisme* catholique ; on se dirait à un estaminet de la rue du Vieux-Colombier. Voilà ce que devient sous la plume du nouveau Père de l'Eglise, la langue de Pascal et de Bossuet !

Reste le fond, le fond du *Fond de Giboyer*. M. Augier, pour lequel, du reste, je n'ai pas beaucoup plus d'intérêt que pour M. Veuillot, M. Augier écrit dix lignes de plaisanteries sur Déodat. Celui-ci répond par trois cents pages. Si je vois clair, cela peint un homme, cela le juge. C'est le signe le plus manifeste de son impuissance, la marque visible qu'il ne peut rien en dehors des bas-fonds des petites polémiques. S'il avait quelque chose de sérieux dans la tête ou dans le cœur, il ne nous entretiendrait pas, durant un gros volume, de ses petites affaires, de ces misérables querelles de pamphlétaire à vaudevilliste ! Ne se lassera-t-il donc jamais de retourner sous nos yeux avec des cris le chiffon sur lequel il a essuyé la goutte de sang issue de sa piqûre ? Faut-il qu'il ait la vanité irritable ! Faut-il qu'il ait le cuir tendre, grands dieux ! Mais M. Veuillot veut à toute force qu'on n'oublie pas qu'il est martyr. Il ne sera pas content s'il n'emporte sa palme. — Soit : donnons-la-lui et qu'il s'en aille, comme Candide, « prêché, fessé, absous et béni. »

Parmi les doléances dans lesquelles s'exhale notre homme à la palme, il insiste surtout sur la nécessité où il est de recourir à la brochure, faute d'un journal pour publier sa pensée. Il y voit une foule d'inconvénients.... pour lui, il est vrai, car il ne lui est pas venu à la pensée que d'autres pussent souffrir des mêmes dispositions légales : M. Pelletan, par exemple. Mais vous comprenez, monsieur le directeur, M. Veuillot ou M. Pelletan, ce n'est pas la même chose...

Je vois encore qu'il se fâche beaucoup, non contre la loi du colportage, mais contre l'application qui en est faite. « Cette loi est très-bonne, » dit-il... et il jette feu et flamme parce qu'on laisse circuler le *Fils de Giboyer*. Je reconnais bien l'homme qui a inspiré de longs articles pour soutenir, contre les *Débats*, le joli axiôme que « l'application des lois doit être essentiellement variable ; » ce qui revient à dire que l'arbitraire doit tenir lieu de loi. En conséquence, tout irait bien si on interdisait le *Fils* et si on laissait circuler le *Fond*. Quant à concevoir un état où le *Fils* et le *Fond* chemineraient côte à côte, et où il n'y aurait plus de loi sur le colportage, cette notion est trop forte pour sa conception. Son cerveau n'est pas conformé pour la recevoir.

Mais ces plaintes, ces doléances à propos d'égratignures me font songer à d'autres épigrammes, à celles que, du fond de son fauteuil, les pieds dans sa chancelière, le journaliste bien pensant et bien payé, décochait, entre deux chapelets, contre les infortunés qui mouraient sous le ciel de Cayenne ou de Lambessa. Ah ! les malheureux ! qu'ils eussent trouvé léger, au prix de leur sort, ce supplice d'être raillé chaque soir sur un théâtre, qui fait tant geindre M. Veuillot !

Il est bien vrai que ce dernier, qui tient absolument à ce que sa main gauche n'ignore pas ce que fait sa main droite, nous avertit solennellement « qu'à sa prière le président de la république « voulut bien faire rentrer un déporté républicain qui se disait « repentant, et qu'*à la vérité il* (M. Veuillot) *ne croyait pas cou-* « *pable.* » Je veux bien supposer cette histoire plus authentique que les cinq francs prêtés à vos correspondants ; elle prouve l'influence que le pieux journaliste avait su conquérir par ses flatteries ; mais en quel temps sommes-nous donc, grand Dieu ! pour qu'une action si simple, si naturelle, soit fièrement racontée comme un trait d'héroïsme !

J'ai honte de m'étendre sur ces misères ; mais à mon avis rien n'est révoltant comme l'apologie des choses pour lesquelles il n'est de séant que le silence. Si j'avais eu le malheur d'écrire les articles publiés dans l'*Univers* en des jours douloureux, je voudrais en rayer le souvenir de ma propre mémoire. Il paraît qu'il n'en va pas ainsi de M. Veuillot, car il ose imprimer ceci :

« J'ai recueilli en douze volumes in-8° *tous* mes articles publiés
« dans l'*Univers* depuis 1842, époque de mon entrée à ce journal,
« jusqu'en 1860, époque de la suppression (laquelle ne fut motivée
« sur aucune illégalité). *Je défie qu'on y trouve une attaque contre*
« *un adversaire désarmé.* »

M. Veuillot a une conscience trop chrétienne, monsieur le directeur, pour jamais altérer l'exacte vérité, et, puisqu'il a réuni *tous* ses articles dans ces douze tomes, il serait complétement inutile de recourir au journal, si les volumes sont irréprochables. Il me semble pourtant me rappeler, pour ne prendre qu'un seul mois au hasard, qu'à la date des 2, 5, 7, 24 et 26 janvier 1852, il a publié dans l'*Univers* des articles que je ne retrouve pas dans le tome affecté à cette année. Si je prends une autre époque, je vois que du 18 février au 1er avril 1851, seulement, M. Veuillot a publié dans le même journal quatre articles, les 21 et 29 février, 6 et 14 mars, que je ne trouve pas non plus (1). Ainsi de tout le reste. Je comprendrais alors que M. Veuillot pût faire le défi de retrouver une seule attaque contre un adversaire désarmé........ dans ses volumes. Le sous-entendu serait charmant. En tous cas, nous voilà bien prévenus que, dans ses douze tomes au moins, le

---

(1) Je n'ai pas su découvrir davantage l'article auquel il a été fait tant d'allusions, et où il montrait Dieu punissant Victor-Emmanuel par la mort des membres de sa famille.

journaliste chrétien n'a laissé passer aucune insulte au malheur, et qu'il a toujours gardé la mesure et la délicatesse que M. Augier n'a point su observer à son égard.

C'est donc probablement par erreur que l'article inséré le 31 décembre 1851 dans l'*Univers*, pour dénoncer M. de Sacy, a été aussi publié dans les *Mélanges*. Dans la ferveur de son zèle de « satellite, » (1) M. Veuillot crut deviner dans l'honorable M. de Sacy (un homme bien peu dangereux cependant) quelques velléités d'opposition, complétement dissimulées, il est vrai, mais la découverte ne lui en faisait que plus d'honneur. En limier vigilant et qui porte bien « le collier, » il flaira cette ombre d'opposition déguisée dans un inoffensif article sur M. de Maistre. Jugeant M. de Sacy « suffisamment armé pour se défendre » (le 31 décembre 1851 !) suivant la phrase qu'il reproche si amèrement à M. Augier, il divulgua courageusement, comme c'était son devoir de chrétien, une perfidie si monstrueuse. Il commence par railler agréablement les *Débats*, *dont les malheurs n'ont pas abattu la fierté*, dit-il ; puis il continue après avoir démontré que derrière M. de Maistre, c'est le pouvoir qu'on attaque :

« Donc on se plaint, ou pour mieux dire, si on veut nous per-
« mettre le vrai mot, on *grogne* ; et afin que cette *grognerie* ait le
« double avantage de n'offusquer aucune oreille et de paraître
« hardie (Je ne comprends pas bien comment une grognerie peut
paraître hardie sans offusquer personne?) on prend des détours.
« — Qui vive ? — Critique littéraire. — A ces mots, les cent yeux
« d'Argus se ferment, et le vaillant, tirant sa dague politique, sous

---

(1) « Ai-je été « satellite? » et de qui? et à quelles conditions ? » (*Le Fond de Giboyer*, page 245). Ces fières paroles s'adressent à M. Weiss qui avait rappelé dans le *Courrier du Dimanche* à M. Veuillot que, lui aussi, il *avait été ou paru satellite*.

« le prétexte de critiquer M. de Maistre, transperce la contre-
« révolution. C'est M. de Sacy qui a fait le coup. »

Suit le portrait de l'honorable M. de Sacy. On aurait quelque peine à le reconnaitre, mais il ne faut pas oublier qu'il est éclairé par la lumière de la piété :

« Il est, le croirait-on, *l'un des plus entêtés fanatiques qui soient
« sur la terre*. On parle quelquefois de notre fanatisme à nous, qui
« écrivons ces lignes. Ah ! si l'on connaissait M. de Sacy ! Si l'on
« connaissait le fanatisme modéré, sceptique et tolérant ! »

Avec quel dédain il ridiculise les vaincus (cela se dit ainsi aujourd'hui parmi les amis de M. Veuillot).

« Vous autres, vous protestez et vous ne pouvez vous résigner
« parce que quelques douzaines de vos amis ont reçu leur démis-
« sion !... »

Enfin, comme trait dernier et sanglant, il les appelle « émigrés ». Le mot était spirituel. C'est dommage qu'il eût un peu traîné dans les bureaux du *Constitutionnel*.

Le 18 décembre 1851, dans un article que je ne retrouve pas dans les fameux douze volumes in 8° (mais c'est sans doute moi qui me trompe, puisque M. Veuillot dit qu'il les y a *tous* mis), il arrange joliment, non pas les révoltés, non pas même les opposants, mais simplement les *neutres*.

« Nous trouvons qu'en ce moment, il n'y a point de place hono-
« rable pour les neutres... »

Puis il s'adresse aux membres de l'ancienne assemblée, à une fraction de ce qu'on appelait alors le parti de l'ordre, et il a de très-jolies allusions à ceux d'entre eux qui, après avoir été conduits à Mazas, avaient été relâchés au bout de quelques jours, ou accompagnés à l'étranger. Il leur reproche, avec l'énergie du chrétien, leur folle ingratitude :

« Quelques cors aux pieds, qu'on nous pardonne le mot, foulés
« dans la bagarre, *quelques nuits passées sur un lit de camp,* un
« peu de surprise, des vexations légères, qui ont été en même temps
« des mesures d'humanité, et même *des actes de courtoisie* ne peu-
« vent pas être mis en compensation avec les résultats déjà obtenus
« et *ceux que l'on est en droit d'obtenir.* »

Qui est-ce qui disait donc, monsieur le directeur, que M. Veuillot avait été « satellite ? »

Le 24 décembre, il a flairé les loges maçonniques et il les fait vite dénoncer par la plume vénérable de M. Coquille. Il est vrai qu'à ce moment elles étaient si bien « armées pour se défendre ! »

« Les loges se fermeraient sans la moindre opposition. Le mo-
« ment ne sera jamais plus favorable pour en finir avec ces habi-
« tudes de conspirateurs, dont un si grand nombre d'honnêtes gens
« n'ont pas su se défendre. *Que le gouvernement ne dise pas : je
« surveille les maçons.* Louis-Philippe connaissait le personnel des
« sociétés secrètes. Il n'a pas cru au danger, mais il s'est trompé.
« Le danger n'est pas dans le *chiffre* (je pense qu'il veut dire le
*nombre*) des affiliés ; il est dans le sentiment qui les réunit. Qui
« osera dire que les sociétés secrètes, *même sans sortir de la légalité,*
« n'aient de puissants moyens pour agiter, pervertir les esprits et les
« préparer à une révolution ?..... La France a échappé à l'anarchie,
« l'armée du socialisme est dispersée. *Le gouvernement n'a plus à
« craindre que la bourgeoisie.....* »

Il paraissait alors à Bruxelles une publication appelée le *Bulletin français* et dans laquelle quelques personnes faisaient, paraît-il, de l'opposition au gouvernement français. Nous disons : paraît-il, car nous n'avons jamais vu le *Bulletin français*. La publication ne pénétrant pas en France, et les écrivains étant pour la plupart exilés, il était indispensable, pour le bien de la religion, que M. Veuillot les combattît. D'ailleurs il a soin de nous prévenir que c'était un anarchiste, le comte d'Haussonville, gendre de M. de Broglie, qui était en réalité à leur tête, et il fallait bien que M. Veuillot remplît son devoir de « satellite. » Ils étaient d'ailleurs si bien « armés pour se défendre! »

Il commence par les appeler *Grecs universitaires*. Le mot est délicat et digne d'un satellite chrétien. L'honorable M. Alexandre Thomas, car nous présumons que c'est à lui que cela s'adressait, comparé à un homme qui escroque au jeu!...... Puis il continue :

« Qu'entendent-ils par le *sentiment du droit*? On commence assez
« généralement en France à se croire le droit de vivre en paix.
« On aimerait à n'être plus troublé et menacé par les *miasmes délé-*
« *tères* (des *miasmes qui menacent*, quelle langue!) que répandent,
« au profit de quelques centaines d'individus, la liberté de *parler*,
« d'*écrire* et de conspirer......

« On connaît maintenant les émigrés de 1851. En politique se
« sont des *libéraux* ; en religion, ce sont des *masques*. »

Ce spirituel monsieur, qui trouve si impertinent que M. Delord l'invite à faire « sa comédie Giboyer » (1), et qui, en effet, démontre si bien l'inégalité des armes sur ce terrain, pensait sans

---

(1) *Fond de Giboyer*, p. 237.

doute à cette époque que les exilés pouvaient bien faire aussi leur *Univers!...* et cela vous parle aujourd'hui de justice et d'équité !

Le 18 février 1852, il dit des journalistes supprimés et dont la plupart étaient en exil ou déportés :

« Il y avait là non-seulement tout l'effort des détestables doctrines
« qui menaçaient la société, mais encore du *fiel* (il dit du *fiel!*) et,
« nous l'osons dire, de la SCÉLÉRATESSE DU SECTAIRE........
« Nous attestons en notre âme et conscience, et comme des témoins
« fidèles, que ces gens-là étaient SANS FOI, QU'ILS MENTAIENT DE
« DESSEIN FORMÉ, ou qu'ils n'étaient que DES MANIAQUES
« FURIEUX. Dans l'un comme dans l'autre cas, la société n'a rien
« à perdre à ce qu'ils se taisent ou à ce qu'ils TREMBLENT. »

Il est vrai que les écrivains déportés étaient si bien « armés pour se défendre ! »

Le 21 février, il attaque la *Presse* en disant qu'elle a bien fait de prendre pour elle ce qu'il a dit plus haut des feuilles socialistes (qu'elles avaient la *scélératesse du sectaire*). « Elle y a certainement sa part. »

Dans le courant d'avril, — j'ai oublié la date, (la mémoire ne peut suffire à tout), il fait dénoncer l'*Indépendance belge* par le petit Veuillot. Il se plaint qu'on la laisse entrer et qu'elle fasse concurrence aux journaux français.

En mars, il fait encore attaquer, par son petit frère, M. Eugène Sue, qui était en fuite.

Le 30 juillet, il regrette que la compression ait déjà diminué. Il se rappelle avec regret le mois de décembre précédent :

« Reportons-nous, dit-il, à cette époque féconde. Ce glorieux
« mouvement n'a pas été stérile. *Tout ce qu'il promettait pourtant*
« *n'est pas venu.* S'il y a eu progrès incontestable dans la *liberté du*

« *bien*, tout repose encore sur une base fragile, et la *liberté du*
« *mal n'a rien perdu d'essentiel et d'efficace.* »

> Oui, certes, un vrai dévot est fait pour être libre.
> Mais gardons-nous, monsieur, d'un fâcheux équilibre.
> Dans ma justice à moi, le bien seul est permis (1).

Aussi ressent-il le besoin de dénoncer une fois de plus la franc-maçonnerie et de demander sa suppression.

Le 22 août, l'autorisation donnée à M. Proudhon de publier un nouveau livre excite toutes ses colères. Le limier fait rage et traîne son auteur par le mollet à la préfecture de police :

« Quand la presse est serrée de si près, et quand la corde qui
« tient les journaux de si court leur fait aisément perdre terre,
« comment un pareil livre a-t-il pu paraître? L'auteur ne se con-
« tente pas de soutenir toutes ses idées, il étale tout le faste de
« son éloquence particulière la plus *insolente* et la plus *salissante*
« de ce temps-ci. Il ne se contente pas d'injurier, suivant sa cou-
« tume, le clergé, le christianisme, DIEU MÊME, IL VA BIEN
« PLUS LOIN, IL INSULTE L'EMPEREUR ET L'EMPIRE !

« Dans une société intelligente, l'homme qui a osé dire une
« fois ce que M. Proudhon a tant répété, ne devrait plus pouvoir
« élever la voix que pour publier son repentir. S'il persévère,
« qu'il garde le silence; que sa pensée soit *au bagne* sans nul espoir
« de grâce, puisqu'elle ne donne nul espoir d'amendement ; et s'il
« parvient à tromper la surveillance des magistrats, QU'IL SOIT
« ENFERMÉ SEUL ET A PART DES AUTRES CRIMINELS AFIN
« QU'IL NE LES CORROMPE POINT ! »

M. Proudhon accusé de corrompre *même les criminels des*

---

(1) M. Victor de Laprade : *Un conseil de famille.*

*bagnes*, cela me semble dépasser un peu la mesure des polémiques permises. En tous cas, c'est un peu plus vif que les plaisanteries de Giboyer sur Déodat. Il est vrai que M. Proudhon était « armé pour se défendre », va dire M. Veuillot. Je ne suis pas bien certain que quelqu'un qu'on accuse de *faire bien plus que d'insulter Dieu, d'insulter l'empereur et l'empire*, soit aussi bien armé que son accusateur..... Mais ces nuances échappent au sens moral de M. Veuillot.

En avril 1853, M. Aubineau (qui ne prévoyait pas qu'un jour on interdirait la circulation d'un pamphlet contre M. Emile Augier, par un ami de M. Veuillot, M. de Vanssay) se plaint avec vivacité de ce que l'on n'exécute pas assez sévèrement la loi sur le colportage.

Le 18 décembre, violente poussée contre l'exilé Félix Pyat par le petit Eugène.

Le 24 novembre, le rédacteur en chef dénonce de nouveau ses adversaires au gouvernement, « qu'ils veulent rendre odieux parce qu'il protége la religion. » Il plaisante beaucoup du « jeûne de la presse » et il termine ainsi :

« Ils rappellent ces sectaires de qui saint François de Sales, si
« renommé par sa douceur dans la dispute, disait : LEUR CŒUR
« EST DE BOUE, LA CLARTÉ LE DURCIT. »

Le 28 novembre, M. Veuillot profite de ce qu'une ridicule chanson lui avait été envoyée de Londres par la poste pour se livrer à une nouvelle attaque contre les exilés en général. Il les rend tous solidaires d'un sieur Tapon, comme si on rendait tous les gens religieux solidaires de M. Veuillot ! Il est vrai que cet article est une réponse au *Siècle*.... qui avait gardé le silence.

« Parce que, n'importe pour quel motif, le *Siècle* garde le silence
« sur tant d'ignominies, faut-il que nous nous taisions... »

Il avait déjà écrit avant cette époque à propos des exilés :

« Troisième nouveauté, nous avons le *faquin proscrit*. Un jour de
« caprice insolent, la fortune happe au hasard une poignée de
« noms dans les catalogues de librairies, dans les journaux, dans
« les archives de la police, et les jette sur les pages blanches de
« l'histoire ; voilà le monde en rumeur. On s'épouvante, on s'é-
« tonne, on s'enhardit ; bientôt les intrus sont arrachés et renvoyés
« *à leur premier lieu*. » (La phrase est incompréhensible, mais nous
pensons que cela veut dire qu'ils sont exilés.) Se font-ils oublier ?
« Point ; ils écrivent des almanachs, et ils signent : un tel,
« proscrit !... Le *faquinisme* n'est pas proscrit, hélas ! mais la pro-
« scription est faquinisée (*sic*) (1). »

Quel calomniateur oserait dire, après cela, que M. Veuillot ait jamais attaqué « un adversaire désarmé ? »

Le 6 décembre, il prend texte d'une pièce de vers où M. Victor Hugo, exaspéré par les agressions de l'*Univers* contre les républicains en fuite ou en exil, s'était lui-même laissé aller à de regrettables excès de langage, pour user des mêmes procédés à son égard. Il n'avait cependant pas le malheur et l'exil pour explication, sinon pour excuse de ces violences.

« M. Pyat lui-même, aussi HIDEUX que M. Hugo, est moins coupable...
« Dans la VILE multitude des écrivains, il n'y a pas un *malheureux*
« qui cède à sa passion avec une si indigne faiblesse et qui AVI-
« LISSE à ce point l'honneur d'un talent célèbre. »

Il est sans doute inutile d'ajouter que les vers de M. Hugo, pro-

---

(1) *Univers* du 22 novembre 1850.

hibés, étaient inconnus en France, et que le poète, s'il avait été entraîné trop loin, n'avait cependant pas demandé que M. Veuillot FUT ENFERMÉ SEUL ET A PART DES AUTRES CRIMINELS, AFIN QU'IL NE LES CORROMPIT POINT.

Mais M. Hugo exilé était si bien « armé pour se défendre ! » Et puis, il avait le droit de réponse, c'est M. Veuillot qui le dit (1). Je serais curieux de savoir par quel moyen judiciaire M. Hugo serait parvenu à faire insérer sa réponse dans l'*Univers* ?...

Le 20 décembre, l'*Univers* dénonce le *Siècle* et réclame presque en propres termes sa suppression.

« Le *Siècle* aurait grand tort de s'imaginer que tout le monde
« respectera la liberté illimitée qu'on lui laisse, ET QU'IL N'Y AIT
« D'AUTRES MOYENS DE LE CONTREDIRE, QU'EN ENTRANT EN DISCUSSION
« CONTRE LUI. »

Cela est, je crois, signé Rupert.

Le 23 novembre, il demande de nouveau la suppression du *Siècle*. Ce qu'il y a de plus joli, c'est que cette suppression est demandée à propos d'une discussion sur le miracle de la Salette, laquelle n'aurait pas pu seulement motiver une bulle d'excommunication, le miracle de la Salette n'étant pas une croyance universelle de l'Eglise. « L'inquisition elle-même, disait alors M. Nefftzer, ne condamnait les hérétiques qu'après les avoir, au moyen d'une instruction, déclarés dûment atteints et convaincus. M. Veuillot, plus expéditif, exécute les gens en même temps qu'il les dénonce, sur la simple constatation de leur identité : »

---

(1) « J'observe en outre qu'aucun adversaire n'est désarmé contre un journal, puisque toute personne nommée ou désignée a le droit de réponse dans le journal même. Si parfois les journaux entravent l'exercice de ce droit, ce ne fut jamais la coutume de l'*Univers* (*Fond de Giboyer*, page 213). »

« Nous le dénonçons comme un ennemi systématique de la
« religion, qui l'attaque sans cesse, qui la *calomnie sciemment* par
« des moyens et dans des régions où aucune discussion ne peut
« atteindre (1). »

Mais l'accusé était « armé pour se défendre » — pas bien sûr, lorsque l'accusateur fait remarquer avec une habileté toute chrétienne, qu'il est très-*hostile en politique* et qu'il était parmi les vaincus le 2 décembre, lorsqu'on était soi-même parmi les vainqueurs.

Le 24, il continue ; mais de la suppression, il se rabat sur l'avertissement.

« Comme ce fait est un de ceux qui méritent, à notre avis, non
« pas qu'on le discute, *mais qu'on le réprime, nous avons formé le*
« *vœu qu'il soit réprimé*.....
« On a averti des journaux pour avoir attaqué des arrêtés de pré-
« fecture et de mairie, des règlements de police, pour avoir offensé
« la mémoire d'un personnage historique. Nous trouvons que l'hon-
« neur des évêques, la dignité du culte, la foi des peuples méritent
« le même souci. »

Il ne se lasse pas ; il écrit le 6 janvier 1855 :

« Le *Siècle* sera ou ne sera point averti. L'avertissement que nous
« devions donner est donné. »

Dans le courant de la même année, — j'ai encore oublié la date,

---

(1) Est-il besoin d'ajouter qu'en flétrissant, comme elle le mérite, la triste conduite de l'*Univers*, nous n'entendons nullement approuver le langage inconvenant que le *Siècle* avait tenu, dans cette circonstance, à l'égard de l'évêque de Grenoble, feu Mgr Philibert de Bruillard?

mais je la retrouverai au besoin, — il pratique une nouvelle dénonciation (je me lasse de répéter ce mot), avec un courage héroïque sous la signature de M. Rupert, qui avait aussi cette spécialité :

« L'Eglise n'a jamais appelé plus de sévérité qu'il n'en fallait pour
« prévenir le scandale ou le faire cesser. Or (voyez comme sa mo-
« dération est touchante), *Nous croyons que la plupart de ceux qui*
« *le répandent aujourd'hui céderaient facilement à une répression ana-*
« *logue à celle qui s'exerce en matière politique.* »

Le 19 février 1856, le *Correspondant* reçoit un avertissement à propos d'une polémique avec l'*Univers*.

Déodat est généreux en face d'un « adversaire désarmé : » il continue la polémique par deux nouveaux articles. Il a triomphé ; le *Correspondant* n'a rien trouvé à répondre.

En mai 1856, il *rempoigne* (c'est, je crois, le mot usité chez « les satellites) » M. Victor Hugo, à propos d'un nouvel ouvrage qui ne renfermait cependant d'agression contre personne. Cette fois il se contente de lui prédire l'enfer :

« Il a (M. Victor Hugo), en tout, *pour l'abject une sympathie na-*
« *turelle* qu'il prend pour de la charité, et qui n'est qu'une haine de
« banni contre l'ordre légitime d'où il a été forcé de s'exclure. Il
« est en révolte contre la langue, COMME IL EST EN RÉVOLTE
« CONTRE LA SOCIETÉ ET CONTRE DIEU. Contre ces trois
« adversaires, il se flatte en vain de quelque triomphe. DIEU
« ATTEND..... »

Quant à la société :

« Elle souffrira pour la part de complicité qu'elle accorde A CES
« MÉFAITS (Les *Contemplations*, un méfait !) mais pourtant *elle en*
« *fera justice...* »

Le 17 janvier 1857 il utilise l'attentat d'Orsini pour envelopper tous les réfugiés français dans la solidarité du crime…. d'un italien (1). Et comme il nourrissait pas mal de vieilles rancunes chrétiennes contre M. Victor Hugo, la circonstance lui parut trop bonne de l'envelopper dans cette détestable solidarité pour la laisser échapper. M. Hugo était coupable d'avoir écrit « dans les délires de l'exil » comme disait le regrettable Rigault, un vers qui ne se peut avouer, mais de là à être le complice d'un assassinat, la distance est grande, Dieu merci, et il fallait sans doute tout le bien que la religion pouvait en retirer pour déterminer l'honnête polémiste à appeler son ennemi un « Tyrtée du bagne », un « misérable » et à se laisser aller à des inepties telles que de dire que *ses livres sont plus infâmes que les scélérats eux-mêmes qui ont tenté de tuer l'empereur.* Mais ce qui est plus honteux encore, et ce qu'à la distance où nous sommes de ces événements on peut à peine se figurer, c'est que pour le compte de sa haine particulière contre les *Débats*, il tenta d'impliquer ce journal honorable dans une sorte de complicité morale, et il le dénonça au pouvoir comme s'étant montré trop faible dans l'expression de son horreur pour le crime (2).

M. Edgar Quinet n'était sans doute pas moins bien « armé pour se défendre » que ses compagnons d'exil, car voici ce que M. Veuillot dit à son propos le 2 juillet 1857 :

« Ce qui est FÉROCE ET IMPLACABLE sur la terre, ce n'est pas

---

(1) M. Veuillot est obligé de l'avouer lui-même : « Il n'y a parmi les scélérats qui ont exécuté ce dernier complot, aucun Français. » (*Univers* du 17 janvier 1857.)

(2) Voici le passage de l'*Univers* : « Il (M. Victor Hugo) a pu l'écrire sans perdre en France un seul de ses admirateurs, sans cesser d'être loué avec emphase dans les feuilles qui trouvent que des coups de parti, comme celui du 14 janvier, font « un douloureux contraste avec la douceur de nos mœurs. » Ce dernier membre de phrase était tiré des *Débats*.

« la BRUTE DANS SES FORETS, ni l'homme dans son ignorance
« et dans sa fureur ; ce n'est pas le SIOUX, ce n'est pas l'esclave
« en révolte ni la populace enivrée et déchaînée : c'est LE SO-
« PHISTE OU L'HISTRION qui n'a pas obtenu du monde le degré
« de gloire auquel son orgueil aspire. VOILA CELUI QU'AUCUNE
« PITIÉ N'ÉMEUT ET QUI VOUDRAIT QUE L'HUMANITÉ N'EUT
« QU'UNE GORGE, POUR Y ÉTOUFFER D'UN COUP TOUS LES
« SIFFLETS ! »

Quel service nous rend M. Veuillot, monsieur le directeur ! Sans lui, aurions-nous jamais cru M. Quinet capable de couper la gorge, non-seulement à un homme, mais à l'humanité tout entière ? Rien que la pensée m'en fait frissonner ! — Parlons sérieusement : j'accorde au pieux, vertueux et intelligent écrivain que la colère lui fasse écrire tout ce qu'il voudra ; absolument tout : hormis des stupidités. Ici je l'arrête. A ce degré de frénésie, il n'est plus justiciable du goût, du bon sens et de la vérité ; je le renvoie à la douche et au médecin (1).

Je suis forcé d'abréger, car de même que la vie du juste est une gerbe de bonnes œuvres, de même la collection de l'*Univers* n'est qu'une réunion de choses de cette sorte. Je pourrais couvrir les colonnes de votre journal de ces fleurs bénies avant que cela parût seulement à l'immense bouquet que de saints rédacteurs ont amassé jour par jour et fleur à fleur pour en parer l'autel du Seigneur.

Je ne citerai donc plus qu'un trait, mais M. Veuillot y est tout entier : sens moral, cœur et jugement. S'il est une mesure qui ait

---

(1) Ce qu'il y a de plus incroyable, c'est que le polémiste chrétien a reproduit textuellement quatre ans plus tard, à froid, loin de l'entraînement et de la lutte, et, pour tout dire, sans songer au ridicule dont il se couvrait, cette étrange phrase dans ses *Mélanges politiques*.

réjoui la France entière sans distinction de partis, après l'oubli des luttes et l'apaisement des passions, c'est certes l'amnistie du 16 août 1859. Eh bien ! je me trompe, il manqua une note au concert ; il y eut un mécontent, et ce fut la victime de Giboyer, « le pamphlétaire angélique. » *Pas un seul journal*, depuis la *Patrie* et le *Constitutionnel* jusqu'à la *Gazette de France*, l'*Union* et l'*Ami de la Religion* ne citèrent ce décret sans l'accompagner de leurs éloges et des témoignages de leur joie. Seul, l'*Univers* eut le courage de se taire. Je me trompe encore : n'osant pas exprimer son deuil trop à haute voix, il essaya de décocher, par la plume de ce pauvre diable d'Eugène, promu à cette ingrate besogne, quelques misérables épigrammes au *Messager*, qui, dans un entraînement lyrique excusable en pareille circonstance, avait appelé les amnistiés du nom d'*hirondelles bien-aimées*. Il ajouta quelques réserves menaçantes à l'endroit d'illuminations qu'on avait projetées (à ce qu'il disait) pour fêter le décret ; et ce fut tout.

Lorsque, quelques jours plus tard, s'élevèrent les discussions relatives à certaines restrictions qu'on craignait de voir apporter à l'amnistie, tous les journaux, sans exception, se prononcèrent avec empressement pour l'interprétation la plus large. Pendant ce temps-là que faisait l'*Univers ?* — Il était tout entier à vanter quelque chef-d'œuvre de M. Semichon, ou de M. Fenouillet, ou de tout autre de cette force ; ou bien encore il livrait, avec le père Coquille, un rude combat contre le système décimal, et il prouvait, par les saints Pères, que le mètre est *libéral*, tandis que l'aune est catholique ; ou bien encore il se livrait à quelque autre exercice de cet acabit, car j'ai négligé de noter les dates exactes de ces précieux témoignages de son intelligence et de son bon sens.

## II

J'espère, monsieur le directeur, vous avoir parfaitement convaincu que M. Veuillot n'a dit que la stricte vérité en affirmant fièrement « qu'il ne s'est jamais permis « une attaque contre un adversaire désarmé. » Que si, cependant, vous n'étiez pas complétement édifié, je pourrais vous fournir encore d'autres preuves ; j'en ai trop, c'est ce qui me gêne. Mais je suppose que celles-ci suffisent et que vous plaindrez avec moi ce juste persécuté, envers lequel on a exercé « une vengeance de Sioux » (il aime décidément cette image) (1).

J'espère même que vous irez plus loin et que, désireux de lui fournir un témoignage de votre sympathie, vous lui donnerez la satisfaction de reproduire, en vous y associant, le portrait flatté qu'il a jugé à propos de faire de sa propre personne, trouvant sans doute qu'elle n'était pas suffisamment louée ailleurs. Il a pensé que puisque c'était à lui à s'acquitter de cette tâche, il ne saurait l'accomplir trop consciencieusement ; donc, d'après lui, Déodat est :

« Plein d'amour pour sa cause ; incapable de la déguiser, inca-
« pable de la trahir ; pouvant la servir mal, mais prêt à périr
« pour elle ; parlant à bouche ouverte, parlant français... Jusque

---

(1) « Comment ! traduire un particulier sur le théâtre, attaquer son caractère, mettre en doute ses convictions, le livrer sans défense possible aux jugements d'une foule complétement incapable de désenvenimer l'injure ! c'est plus que se permettre *une vengeance de Sioux....* » (*Fond de Giboyer*, page 134.)

« dans les moindres bourgades on lui a fait un honneur que vous
« n'effacerez point (1). »

Cela n'est déjà point trop mal, mais voici la fleur du panier, le bouquet, et, comme après la comédie antique, je vous dis : *Plaudite*.

« SON NOM (à Déodat) EST LE SYNONYME DE LA LIBERTÉ DE
« LA PRESSE. Lorsqu'il a été renversé, la liberté de la presse a
« subi une éclipse ; elle ne reparaîtra que s'il se relève. Ce sera le
« signe : jusque-là il peut se consoler de vos outrages en regardant
« sa main mutilée et liée (2). »

Ne prétendez pas que j'invente, je vous prie. Cela est imprimé tout au long dans le *Fond de Giboyer*. — Quelle audace! direz-vous? — Non, je crois simplement qu'il aime à plaisanter. L'effronterie ne piperait ici personne. Mais, ce monsieur Veuillot est certainement doué d'un joli rire. Pourquoi se plaint-il de sa main liée? N'a-t-il pas écrit le 18 février 1852?

« Le régime de la censure a cessé. Nous en profitons pour dire
« que nous acceptons la nouvelle loi sous laquelle va vivre la
« presse...
« Nous nous déclarons hautement cent fois plus libres aujourd'hui
« que nous l'étions alors » (avant le coup d'Etat).

En effet, *il* était plus libre...
Puis il ajoute :

« EN SE RÉSERVANT L'ARME TERRIBLE ET TOUTE PUIS-
« SANTE DE LA SUPPRESSION FACULTATIVE, LE POUVOIR

---

(1) *Fond de Giboyer*, pages 135 et 136.
(2) *Fond de Giboyer*, p. 136.

« SE CONSTITUE LE PROTECTEUR DE TOUTES LES CHOSES
« QUE LA PRESSE POURRAIT LÉSER, ET QUI NE TROUVE-
« RAIENT PAS DANS LA VIGILANCE DU MINISTÈRE PUBLIC
« ET DANS L'ESPRIT DE LA MAGISTRATURE UNE SUFFI-
« SANTE GARANTIE. »

Eh bien, encore une fois, de quoi se plaint donc M. Veuillot ? En supprimant l'*Univers*, le pouvoir s'est sans doute *constitué le protecteur de quelque chose que l'Univers aurait pu léser, et qui n'aurait pas trouvé dans la vigilance du ministère public et dans l'esprit de la magistrature une suffisante garantie.* Voilà tout.

N'avait-il pas encore écrit le 9 décembre de la même année :

« Nous sommes loin de blâmer le gouvernement du silence qu'il
« exige. Il ne surgirait en ce moment de la polémique des journaux
« aucune lumière dont il peut tirer bon parti.... »

On voit bien par là que l'*Univers* avait tort de vouloir faire surgir de la question romaine *une lumière dont le gouvernement pût tirer bon parti...* (1).

Et le 26 du même mois :

« Le peuple livré à lui-même, votant en pleine liberté, en pleine
« connaissance de cause, rit au nez de la tribune et des publicistes

---

(1) Depuis que M. Veuillot a été frappé par l'arme qu'il avait aidé à forger, ses idées se sont modifiées. Il est de ceux qui ne se convertissent qu'après avoir été foudroyés sur le chemin de Damas. Aujourd'hui, il lui faut absolument « une législation qui, appliquée par des magistrats, au « lieu « *de l'être par des employés*, procurerait aux opinions une liberté suffisante, « sans rien diminuer de la sécurité de l'Etat. » (*Fond de Giboyer*, page 21). Nous savons bien ainsi ce qu'il faut aujourd'hui à M. Veuillot ; mais nous ne savons pas encore ce qu'il faut aux autres. Comme il ne retire pas l'article du 18 février 1852, et qu'il a imprimé ailleurs *qu'aujourd'hui* (1861) *il l'écrirait encore* (*Mélanges politiques*, 1re série, tome 5, page 618), nous inclinons à croire que ce *qu'il faut aux autres, c'est toujours l'avertissement et la suppression.*

« humiliés. Il déclare qu'il trouve bon qu'on bâillonne cette presse
« immonde... »

Eh bien! l'*Univers* était sans doute de la presse « immonde, » puisqu'il a été « bâillonné. » M. Veuillot ne peut rien trouver à y redire.

Et le 5 mai 1852, par la plume *littéraire* de Rupert :

« On a dit que le système parlementaire repose sur un principe
« héréditaire ; *quelque désir que nous ayons d'éviter toute exagération,*
« nous croyons que ce n'est pas assez dire. Le système parlemen-
« taire se liant logiquement A LA LIBERTÉ DE LA PRESSE, à
« la liberté de conscience, etc. à toutes ces libertés mal définies
« qui ne sont au fond que l'égalité de droit pour l'erreur et la
« vérité, ce système ne repose en réalité que sur l'absence de
« tout principe... »

Et voilà pourquoi, monsieur le directeur, le nom de M. Veuillot est SYNONYME DE LIBERTÉ DE LA PRESSE.

D'ailleurs, comment peut-il dire qu'il a les mains liées, puisqu'il a expliqué lui-même, le 15 janvier 1856, que la liberté est pleine et entière pour tout le monde :

« On voit que la constitution a pleinement atteint son but, que
« toutes les opinions politiques, en observant de certaines ré-
« serves que chacune, si elle était maîtresse, voudrait imposer, peu-
« vent se manifester, puisque tous les partis ont publié des li-
« vres et entretiennent des journaux ; que les opinions philoso-
« phiques jouissent d'une liberté entière et quasi-illimitée... »

Je ne regrette qu'une chose dans toute cette bonne plaisanterie, c'est que le *Fond de Giboyer* n'ait pas ajouté que Déodat est synonyme de liberté de conscience. Le tableau eût cette fois été achevé; mais j'espère bien trouver cette phrase dans le prochain ouvrage de notre martyr, et c'est ma consolation. J'aurai encore le plaisir de fournir quelques preuves à l'appui de son assertion, par exemple, celle-ci :

« En fait de liberté, nous demandons la liberté de l'Eglise, c'est-
« à-dire la *liberté du bien*. Nous sommes, qu'on nous passe le
« mot, dégrisés du reste... »

Et ailleurs :

« Que le bien soit libre, que le mal ne le soit pas, voilà comment
« nous entendons la liberté.... »

« Ah ! je comprends !..... le bien, c'est nous et nos amis (1). »

Et ailleurs :

« Pour moi, ce que je regrette, je l'avoue franchement, C'EST
« QU'ON N'AIT PAS BRULÉ JEAN HUS PLUS TOT, ET QU'ON
« N'AIT PAS ÉGALEMENT BRULÉ LUTHER. C'est qu'il ne se soit
« pas trouvé un prince assez *pieux* et assez politique POUR OUVRIR
« UNE CROISADE CONTRE LES PROTESTANTS... (2) »

A quoi il ajoutait treize ans plus tard :

« *Littérairement cette phrase pourrait être mieux tournée*, mais
« comme j'ai le bonheur de ne pas être de ceux qui tiennent à la
« façon de leurs phrases, je ne la renie point, et je ne suis pas in-
« sensible au plaisir de me retrouver fidèle à mes opinions. Ce que
« j'écrivais en 1838, JE LE PENSE ENCORE. »

---

(1) Victor de Laprade, déjà cité.
(2) *Pèlerinages de Suisse.*

Or, l'homme qui a écrit tout ce que vous venez de lire a osé dire, le 14 avril 1851, à propos du *Vrai*, du *Beau* et du *Bien*, de M. Cousin :

« De telles *iniquités*, exposées d'un ton calme par un homme « qui sait bien ce qu'il fait, *de telles iniquités dégoûtent*... »

Quel effet doivent donc produire alors les « iniquités » de M. Veuillot ?

Et maintenant, monsieur le directeur, je ne doute pas que Déodat n'aille crier bien davantage au martyre ! je le cite, donc je le persécute. Ne s'est-il pas plaint que vos correspondants l'ont *calomnié ?* Et, de vrai, quelles calomnies pourraient être aussi terribles que ces citations ? Il a cet avantage qu'il porte avec lui-même son châtiment. Pour que l'on soit révolté, il suffit qu'il se montre.

Il ajoutera sans doute à ses plaintes ce qu'il a dit cent fois : que ses adversaires sont les ennemis forcenés du christianisme, de Dieu lui-même ! — Il souffre pour la bonne cause ; c'est son dévoûment à la religion qui le fait haïr ; il est le juste souffleté dans le prétoire, et c'est un peuple aveuglé qui lui préfère Barrabas ; c'est le Christ, enfin, qu'on attaque en sa chétive personne !... Et le pire, c'est qu'il le croit ; c'est là son infirmité, et il n'en guérira jamais.

Comment se fait-il alors que ni Ozanam, ni M. de Broglie, ni le P. Lacordaire, ni bien d'autres catholiques, n'aient jamais été bafoués comme vous vous plaignez de l'être ? C'est soulas et plaisir, a dit M. Bersot, que « de courre de temps en temps le Veuillot. Cela entretient en joie et santé, et l'on fait en plus une bonne action. » A-t-on jamais « couru » l'Ozanam et le Lacordaire, si j'ose rapprocher ce mot inconvenant de noms chers et vénérés ? M. Dupanloup lui-même, malgré la vivacité de sa parole, a toujours été respecté, et certes, il n'est venu à personne la pensée de lui reprocher de « tirer la savate devant l'arche. » — C'est, pensera-t-on, que cela seul est respecté qui est respectable. M. Veuillot a une autre réponse : c'est que ces hommes n'ont pas rendu les mêmes services que lui à la religion ; ils n'en ont pas été comme lui les témoins fidèles et convaincus ; ils n'ont pas été prêts « à périr pour elle, » comme il s'en vante (1). Et la preuve, c'est qu'il les a poursuivis cent fois de ses attaques ; son cœur de chrétien a été maintes fois obligé de leur reprocher leur tiédeur. N'a-t-il pas été forcé de donner un « premier avertissement à M. le prince de Broglie, *catholique trop sage*, (2) » c'est M. Veuillot qui l'affirme ; de dire à Ozanam, venant de mourir, « qu'il avait espéré beaucoup de lui, et *plus même ou autrement* (*sic*) qu'il n'a voulu donner ; (3) » d'admonester vertement l'abbé Gratry pour « sa prudence et sa charité ? »

« Le P. Gratry est un philosophe qui sait écrire, et qui n'aura
« besoin que d'un *peu moins de prudence et de charité* pour affliger
« beaucoup M. Cousin. Quelqu'autre s'en chargera... » (4) (le philosophe Veuillot, sans doute)?

Enfin, c'est surtout parce que ces hommes n'ont pas mis le même génie au service des mêmes croyances, qu'on les laisse tranquilles... Voilà la vraie, l'unique raison : la haine ne s'attache qu'aux supériorités !

M. Veuillot, supérieur au P. Lacordaire, par exemple !... Je ne

---

(1) *Fond de Giboyer*, page 130. Rien ne me paraît sublime comme ce courage à braver des dangers qui n'existent pas !...

(2) *Mélanges politiques*, 1ʳᵉ série, tome IV, page 1.

(3) *Univers* du 30 novembre 1855.

(4) *Univers* du 11 février 1857.

sais s'il a l'outrecuidance de le penser (1), mais je suis sûr qu'il ne l'écrira pas.

Ah! que je voudrais, monsieur le directeur, être capable de ressentir un moment, pour la justice et la vérité, l'influence d'un fanatisme comparable à celui que de misérables passions inspirent à M. Veuillot! Peut-être une sainte colère me ferait-elle trouver les mots qu'il faut pour flétrir les affligeantes choses que j'ai citées. Mais il suffit d'avoir un peu pratiqué les hommes et les choses humaines pour perdre bientôt la faculté de s'indigner de quoi que ce soit. Et d'ailleurs à quoi me servirait d'emprunter à Jupiter un carreau, je n'ai pas même besoin d'une gaule pour le punir! Il me suffit de lui avoir présenté un miroir pour s'y contempler; et ce qui m'attriste, c'est de n'avoir pas seulement l'espoir qu'il rougisse de son image!

FIN

---

(1) Si l'on veut se faire une idée de l'admiration que M. Veuillot peut avoir pour ses propres écrits, en voici un indice; c'est un trait qui vaut son pesant d'or. Il avait écrit à propos de l'annonce de la prise de Sébastopol, apportée par le fameux tartare, un article sublime de lyrisme, auquel il ne manquait qu'une chose : la vérité de la prise de Sébastopol. Il n'en a pas moins conservé religieusement cette belle prose dans ses *Mélanges* (N<sup>e</sup> série, t. VI, p. 452). Cela prouve combien, pour certains de ceux qui se disent écrivains, le fond est accessoire.

www.ingramcontent.com/pod-product-compliance
Lightning Source LLC
Chambersburg PA
CBHW060541050426

42451CB00011B/1795